GRöLS Verlage

„BÜCHER SIND WIE FALLSCHIRME. SIE NÜTZEN UNS NICHTS, WENN WIR SIE NICHT ÖFFNEN."

Gröls Verlag

Redaktionelle Hinweise und Impressum

Das vorliegende Werk wurde zugunsten der Authentizität sehr zurückhaltend bearbeitet. So wurden etwa ursprüngliche Rechtschreibfehler *nicht* systematisch behoben, denn kleine Unvollkommenheiten machen das Buch – wie im Übrigen den Menschen – erst authentisch. Mitunter wurden jedoch zum Beispiel Absätze behutsam neu getrennt, um den Lesefluss zu erleichtern.

Um die Texte zu rekonstruieren, werden antiquarische Bücher von Lesegeräten gescannt und dann durch eine Software lesbar gemacht. Der so entstandene Text wird von Menschen gegengelesen und korrigiert – hierbei treten auch Fehler auf. Wenn Sie ebenfalls antiquarische Texte einreichen möchten, finden Sie weitere Informationen auf www.groels.de

Viel Freude bei der Lektüre wünscht Ihnen das Team des Gröls-Verlags.

Adressen

Verleger: Sophia Gröls, Im Borngrund 26, 61440 Oberursel

Externer Dienstleister für Distribution & Herstellung: BoD, In de Tarpen 42, 22848 Norderstedt

Unsere „Edition | Werke der Weltliteratur" hat den Anspruch, eine der größten und vollständigsten Sammlungen klassischer Literatur in deutscher Sprache zu sein. Nach und nach versammeln wir hier nicht nur die „üblichen Verdächtigen" von Goethe bis Schiller, sondern auch Kleinode der vergangenen Jahrhunderte, die – zu Unrecht – drohen, in Vergessenheit zu geraten. Wir kultivieren und kuratieren damit einen der wertvollsten Bereiche der abendländischen Kultur. Kleine Auswahl:

Francis Bacon • Neues Organon • **Balzac** • Glanz und Elend der Kurtisanen • **Joachim H. Campe** • Robinson der Jüngere • **Dante Alighieri** • Die Göttliche Komödie • **Daniel Defoe** • Robinson Crusoe • **Charles Dickens** • Oliver Twist • **Denis Diderot** • Jacques der Fatalist • **Fjodor Dostojewski** • Schuld und Sühne • **Arthur Conan Doyle** • Der Hund von Baskerville • **Marie von Ebner-Eschenbach** • Das Gemeindekind • **Elisabeth von Österreich** • Das Poetische Tagebuch • **Friedrich Engels** • Die Lage der arbeitenden Klasse • **Ludwig Feuerbach** • Das Wesen des Christentums • **Johann G. Fichte** • Reden an die deutsche Nation • **Fitzgerald** • Zärtlich ist die Nacht • **Flaubert** • Madame Bovary • **Gorch Fock** • Seefahrt ist not! • **Theodor Fontane** • Effi Briest • **Robert Musil** • Über die Dummheit • **Edgar Wallace** • Der Frosch mit der Maske • **Jakob Wassermann** • Der Fall Maurizius • **Oscar Wilde** • Das Bildnis des Dorian Grey • **Émile Zola** • Germinal • **Stefan Zweig** • Schachnovelle • **Hugo von Hofmannsthal** • Der Tor und der Tod • **Anton Tschechow** • Ein Heiratsantrag • **Arthur Schnitzler** • Reigen • **Friedrich Schiller** • Kabale und Liebe • **Nicolo Machiavelli** • Der Fürst • **Gotthold E. Lessing** • Nathan der Weise • **Augustinus** • Die Bekenntnisse des heiligen Augustinus • **Marcus Aurelius** • Selbstbetrachtungen • **Charles Baudelaire** • Die Blumen des Bösen • **Harriett Stowe** • Onkel Toms Hütte • **Walter Benjamin** • Deutsche Menschen • **Hugo Bettauer** • Die Stadt ohne Juden • **Lewis Caroll** • *und viele mehr....*

Karl Marx

Zur Judenfrage

Geschrieben August bis Dezember 1843.

Inhalt

I. Bruno Bauer: Die Judenfrage. Braunschweig 1843

Die deutschen Juden begehren die Emanzipation. Welche Emanzipation begehren sie? Die staatsbürgerliche, die politische Emanzipation.

Bruno Bauer antwortet ihnen: Niemand in Deutschland ist politisch emanzipiert. Wir selbst sind unfrei. Wie sollen wir euch befreien? Ihr Juden seid Egoisten, wenn ihr eine besondere Emanzipation für euch als Juden verlangt. Ihr müßtet als Deutsche an der politischen Emanzipation Deutschlands, als Menschen an der menschlichen Emanzipation arbeiten und die besondere Art eures Drucks und eurer Schmach nicht als Ausnahme von der Regel, sondern vielmehr als Bestätigung der Regel empfinden.

Oder verlangen die Juden Gleichstellung mit den christlichen Untertanen? So erkennen sie den christlichen

Staat als berechtigt an, so erkennen sie das Regiment der allgemeinen Unterjochung an. Warm mißfällt ihnen ihr spezielles Joch, wenn ihnen das allgemeine Joch gefällt! Warum soll der Deutsche sich für die Befreiung des Juden interessieren, wenn der Jude sich nicht für die Befreiung des Deutschen interessiert?

Der christliche Staat kennt nur Privilegien. Der Jude besitzt in ihm das Privilegium, Jude zu sein. Er hat als Jude Rechte, welche die Christen nicht haben. Warum begehrt er Rechte, welche er nicht hat und welche die Christen genießen!

Wenn der Jude vom christlichen Staat emanzipiert sein will, so verlangt er, daß der christliche Staat sein religiöses Vorurteil aufgebe. Gibt er, der Jude, sein religiöses Vorurteil auf? Hat er also das Recht, von einem andern diese Abdankung der Religion zu verlangen?

Der christliche Staat kann seinem Wesen nach den Juden nicht emanzipieren; aber, setzt Bauer hinzu, der Jude kann seinem Wesen nach nicht emanzipiert werden. Solange der Staat christlich und der Jude jüdisch ist, sind beide ebensowenig fähig, die Emanzipation zu verleihen als zu empfangen.

Der christliche Staat kann sich nur in der Weise des christlichen Staats zu dem Juden verhalten, das heißt auf privilegierende Weise, indem er die Absonderung des Juden von den übrigen Untertanen gestattet, ihn aber den Druck der andern abgesonderten Sphären empfinden und um so nachdrücklicher empfinden läßt, als der Jude im religiösen Gegensatz zu der herrschenden Religion steht. Aber auch der Jude kann sich nur jüdisch zum Staat verhalten, das heißt zu dem Staat als einem Fremdling, indem er der wirklichen Nationalität seine chimärische Nationalität, indem er dem wirklichen Gesetz sein illusorisches Gesetz gegenüberstellt, indem er zur Absonderung von der Menschheit sich berechtigt wähnt, indem er prinzipiell keinen Anteil an der geschichtlichen Bewegung nimmt, indem er einer Zukunft harrt, welche mit der allgemeinen Zukunft des Menschen nichts gemein hat, indem er sich für ein Glied des jüdischen Volkes und das jüdische Volk für das auserwählte Volk hält.

Auf welchen Titel hin begehrt ihr Juden also die Emanzipation? Eurer Religion wegen? Sie ist die Todfeindin der Staatsreligion. Als Staatsbürger? Es gibt in Deutschland keine Staatsbürger. Als Menschen? Ihr seid keine Menschen, sowenig als die, an welche ihr appelliert.

Bauer hat die Frage der Judenemanzipation neu gestellt, nachdem er eine Kritik der bisherigen Stellungen und Lösungen der Frage gegeben. Wie, fragt er, sind sie beschaffen, der Jude, der emanzipiert werden, der christliche Staat, der emanzipieren soll? Er antwortet durch eine Kritik der jüdischen Religion, er analysiert den religiösen Gegensatz zwischen Judentum und Christentum, er verständigt über das Wesen des christlichen Staates, alles dies mit Kühnheit, Schärfe, Geist, Gründlichkeit in einer ebenso präzisen als kernigen und energievollen Schreibweise.

Wie also löst Bauer die Judenfrage? Welches das Resultat? Die Formulierung einer Frage ist ihre Lösung. Die Kritik der Judenfrage ist die Antwort auf die Judenfrage. Das Resumé also folgendes:

Wir müssen uns selbst emanzipieren, ehe wir andere emanzipieren können.

Die starrste Form des Gegensatzes zwischen dem Juden und dem Christen ist der religiöse Gegensatz. Wie löst man einen

Gegensatz? Dadurch, daß man ihn unmöglich macht. Wie macht man einen religiösen Gegensatz unmöglich? Dadurch, daß man die Religion aufhebt. Sobald Jude und Christ ihre gegenseitigen Religionen nur mehr als verschiedene Entwicklungsstufen des menschlichen Geistes, als verschiedene von der Geschichte abgelegte Schlangenhäute und den Menschen als die Schlange erkennen, die sich in ihnen gehäutet, stehn sie nicht mehr in einem religiösen, sondern nur noch in einem kritischen, wissenschaftlichen, in einem menschlichen Verhältnisse. Die Wissenschaft ist dann ihre Einheit. Gegensätze in der Wissenschaft lösen sich aber durch die Wissenschaft selbst.

Dem deutschen Juden namentlich stellt sich der Mangel der politischen Emanzipation überhaupt und die prononcierte Christlichkeit des Staats gegenüber In Bauers Sinn hat jedoch die Judenfrage eine allgemeine, von den spezifisch deutschen

Verhältnissen unabhängige Bedeutung. Sie ist die Frage von dem Verhältnis der Religion zum Staat, von dem Widerspruch der religiösen Befangenheit und der politischen Emanzipation. Die Emanzipation von der Religion wird als Bedingung gestellt, sowohl an den Juden, der politisch emanzipiert sein will, als an den Staat, der emanzipieren und selbst emanzipiert sein soll.

"Gut, sagt man, und der Jude sagt es selbst, der Jude soll auch nicht als Jude, nicht weil er Jude ist, nicht weil er ein so treffliches allgemein menschliches Prinzip der Sittlichkeit hat, emanzipiert werden, der Jude wird vielmehr selbst hinter dem Staatsbürger zurücktreten und Staatsbürger sein, trotzdem daß er Jude ist und Jude bleiben soll, d.h., er ist und bleibt Jude, trotzdem daß er Staatsbürger ist und in allgemeinen menschlichen Verhältnissen lebt; sein jüdisches und beschränktes Wesen trägt immer und zuletzt über seine menschlichen und politischen Verpflichtungen den Sieg davon. Das Vorurteil bleibt, trotzdem daß es von allgemeinen Grundsätzen überflügelt ist. Wenn es aber bleibt, so überflügelt es vielmehr alles andere." "Nur sophistisch, dem Scheine nach, würde der Jude im Staatsleben Jude bleiben können; der bloße Schein würde also, wenn er Jude bleiben wollte, das Wesentliche sein und den Sieg davontragen, d.h., sein Leben im Staat würde nur Schein oder nur momentane Ausnahme gegen das Wesen und die Regel sein."

Hören wir andrerseits, wie Bauer die Aufgabe des Staats stellt.

"Frankreich", heißt es, "hat uns neuerlich" (Verhandlungen der Deputiertenkammer vom 26. Dezember 1840) "in bezug auf die Judenfrage - sowie in allen andern politischen Fragen beständig - den Anblick eines Lebens gegeben, welches frei ist, aber seine Freiheit im Gesetz revoziert, also auch für einen Schein erklärt und auf der andern Seite sein freies Gesetz durch die Tat widerlegt."

"Die allgemeine Freiheit ist in Frankreich noch nicht Gesetz, die Judenfrage auch noch nicht gelöst, weil die gesetzliche Freiheit - daß die Bürger gleich sind - im Leben, welches von den religiösen Privilegien noch beherrscht und zerteilt ist, beschränkt wird und diese Unfreiheit des Lebens auf das Gesetz zurückwirkt und dieses zwingt, die Unterscheidung der an sich freien Bürger in Unterdrückte und Unterdrücker zu sanktionieren."

Wann also wäre die Judenfrage für Frankreich gelöst?

"Der Jude z.B. müßte aufgehört haben, Jude zu sein, wenn er sich durch sein Gesetz nicht verhindern läßt, seine Pflichten gegen den Staat und seine Mitbürger zu erfüllen, also z.B. am

Sabbat in die Deputiertenkammer geht und an den öffentlichen Verhandlungen teilnimmt. Jedes religiöse Privilegium überhaupt, also auch das Monopol einer bevorrechteten Kirche, müßte aufgehoben, und wenn einige oder mehrere oder auch die überwiegende Mehrzahl noch religiöse Pflichten glaubten erfüllen zu müssen, so müßte diese Erfüllung als eine reine Privatsache ihnen selbst überlassen sein." "Es gibt keine Religion mehr, wenn es keine privilegierte Religion mehr gibt. Nehmt der Religion ihre ausschließende Kraft, und sie existiert nicht mehr." "So gut, wie Herr Martin du Nord in dem Vorschlag, die Erwähnung des Sonntags im Gesetze zu unterlassen, den Antrag auf die Erklärung sah, daß das Christenturn aufgehört habe, zu existieren, mit demselben Rechte (und dies Recht ist vollkommen begründet) würde die Erklärung, daß das

Sabbatgesetz für den Juden keine Verbindlichkeit mehr habe, die Proklamation der Auflösung des Judentums sein."

Bauer verlangt also einerseits, daß der Jude das Judentum, überhaupt der Mensch die Religion aufgebe, um staatsbürgerlich emanzipiert zu werden. Andrerseits gilt ihm konsequenterweise die politische Aufhebung der Religion für die Aufhebung der Religion schlechthin. Der Staat, welcher die Religion voraussetzt, ist noch kein wahrer, kein wirklicher Staat.

"Allerdings gibt die religiöse Vorstellung dem Staat Garantien. Aber welchem Staat? Welcher Art des Staates?"

An diesem Punkt tritt die einseitige Fassung der Judenfrage hervor.

Es genügte keineswegs zu untersuchen: Wer soll emanzipieren? Wer soll emanzipiert werden? Die Kritik hatte ein Drittes zu tun. Sie mußte fragen: Von welcher Art der Emanzipation handelt es sich? Welche Bedingungen sind im Wesen der verlangten Emanzipation begründet? Die Kritik der politischen Emanzipation selbst war erst die schließliche Kritik der Judenfrage und ihre wahre Auflösung in die "allgemeine Frage der Zeit".

Weil Bauer die Frage nicht auf diese Höhe erhebt, verfällt er in Widersprüche. Er stellt Bedingungen, die nicht im Wesen der politischen Emanzipation selbst begründet sind. Er wirft Fragen auf, welche seine Aufgabe nicht enthält, und er löst Aufgaben, welche seine Frage unerledigt lassen. Wenn Bauer von den Gegnern der Judenemanzipation sagt: "Ihr Fehler war nur der, daß sie den christlichen Staat als den einzig wahren voraussetzten und nicht derselben Kritik unterwarfen, mit der sie das Judentum betrachteten", so finden wir Bauers Fehler darin, daß er nur den "christlichen Staat", nicht den "Staat schlechthin" der Kritik unterwirft, daß er das Verhältnis der politischen Emanzipation zur menschlichen Emanzipation nicht untersucht und daher Bedingungen stellt, welche nur aus einer unkritischen Verwechslung der politischen Emanzipation mit der allgemein menschlichen erklärlich sind. Wenn Bauer die Juden fragt: Habt ihr von eurem Standpunkt aus das Recht, die politische Emanzipation zu begehren? so fragen wir umgekehrt: Hat der Standpunkt der politischen Emanzipation das Recht, vom Juden die Aufhebung des Judentums, vom Menschen überhaupt die Aufhebung der Religion zu verlangen?

Die Judenfrage erhält eine veränderte Fassung, je nach dem Staate, in welchem der Jude sich befindet. In Deutschland, wo kein politischer Staat, kein Staat als Staat existiert, ist die Judenfrage eine rein theologische Frage. Der Jude befindet sich im religiösen Gegensatz zum Staat, der das Christenturn als seine Grundlage bekennt. Dieser Staat ist Theologe ex professo „von Amts wegen". Die Kritik ist hier Kritik der Theologie, zweischneidige Kritik, Kritik der christlichen, Kritik der jüdischen Theologie. Aber so bewegen wir uns immer noch in der Theologie, sosehr wir uns auch kritisch in ihr bewegen mögen.

In Frankreich, in dem konstitutionellen Staat, ist die Judenfrage die Frage des Konstitutionalismus, die Frage von der Halbheit der politischen Emanzipation. Da hier der Schein einer Staatsreligion, wenn auch in einer nichtssagenden und sich selbst widersprechenden Formel, in der Formel einer Religion der Mehrheit beibehalten ist, so behält das Verhältnis der Juden zum Staat den Schein eines religiösen, theologischen Gegensatzes.

Erst in den nordamerikanischen Freistaaten - wenigstens in einem Teil derselben - verliert die Judenfrage ihre theologische Bedeutung und wird zu einer wirklich weltlichen Frage. Nur wo der politische Staat in seiner vollständigen Ausbildung existiert, kann das Verhältnis des Juden, überhaupt des religiösen Menschen, zum politischen Staat, also das Verhältnis der Religion zum Staat, in seiner Eigentümlichkeit, in seiner Reinheit heraustreten. Die Kritik dieses Verhältnisses hört auf, theologische Kritik zu sein, sobald der Staat aufhört, auf theologische Weise sich zur Religion zu verhalten, sobald er sich als Staat, d.h. politisch, zur Religion verhält. Die Kritik wird dann zur Kritik des politischen Staats. An diesem Punkt, wo die Frage aufhört, theologisch zu sein, hört Bauers Kritik auf, kritisch zu sein.

"Il n'existe aux Etats-Unis ni religion de l'état, ni religion déclarée celle de la majorité ni prééminence d'un culte sur un autre. L'état est étranger à tous les cultes." (Marie ou l'esclavage aux Etats-Unis etc., par G. de Beaumont. Paris 1835, p. 2l4.) Ja es gibt einige nordamerikanische Staaten, wo "la constitution n'impose pas les croyances religieuses et la pratique d'un culte comme condition des privilège politiques" (1. c. p. 225). Dennoch "on ne croit pas aux Etats-Unis qu'un homme sans religion puisse être un honnête homme" (l. c. p.224).

„"In den Vereinigten Staaten gibt es weder eine Staatsreligion, noch eine offizielle Religion der Mehrheit, noch den Vorrang eines Kults über den anderen. Der Staat befaßt sich mit keinem der Kulte." ("Marie oder die Sklaverei in den Vereinigten Staaten etc." von G. de Beaumont, Paris 1835, S.214.) Ja es gibt einige nordamerikanische Staaten, wo "die Verfassung keinerlei religiösen Glauben oder die Ausübung eines bestimmten Kults zur Bedingung politischer Privilegien macht" (ebenda, S.225). Dennoch "glaubt man in den Vereinigten Staaten nicht, daß ein Mensch ohne Religion ein anständiger Mensch sein könnte" (ebenda, S.224)."

Dennoch ist Nordamerika vorzugsweise das Land der Religiösität, wie Beaumont, Tocqueville und der Engländer Hamilton aus einem Munde versichern. Die nordamerikanischen Staaten gelten uns indes nur als Beispiel. Die Frage ist: Wie verhält sich die vollendete politische Emanzipation zur Religion? Finden wir selbst im Lande der vollendeten politischen Emanzipation nicht nur die Existenz, sondern die lebensfrische, die lebenskräftige Existenz der Religion, so ist der Beweis geführt, daß das Dasein der Religion der Vollendung des Staats nicht widerspricht. Da aber das Dasein der Religion das Dasein eines Mangels ist, so kann die Quelle dieses Mangels nur noch im Wesen des Staats selbst gesucht werden. Die Religion gilt uns nicht mehr als der

Grund, sondern nur noch als das Phänomen der weltlichen Beschränktheit. Wir erklären daher die religiöse Befangenheit der freien Staatsbürger aus ihrer weltlichen Befangenheit. Wir behaupten nicht, daß sie ihre religiöse Beschränktheit aufheben müssen, um ihre weltlichen Schranken aufzuheben. Wir behaupten, daß sie ihre religiöse Beschränktheit aufheben, sobald sie ihre weltliche Schranke aufheben. Wir verwandeln nicht die weltlichen Fragen in theologische. Wir verwandeln die theologischen Fragen in weltliche. Nachdem die Geschichte lange genug in Aberglauben aufgelöst worden ist, lösen wir den Aberglauben in Geschichte auf. Die Frage von dem Verhältnisse der politischen Emanzipation zur Religion wird für uns die Frage von dem Verhältnis der politischen Emanzipation zur menschlichen Emanzipation. Wir kritisieren die religiöse Schwäche des politischen Staats, indem wir den politischen Staat, abgesehen von den religiösen

Schwächen, in seiner weltlichen Konstruktion kritisieren. Den Widerspruch des Staats mit einer bestimmten Religion, etwa dem Judentum, vermenschlichen wir in den Widerspruch des Staats mit bestimmten weltlichen Elementen, den Widerspruch des Staats mit der Religion überhaupt, in den Widerspruch des Staats mit seinen Voraussetzungen überhaupt.

Die politische Emanzipation des Juden, des Christen, überhaupt des religiösen Menschen, ist die Emanzipation des Staats vom Judentum, vom Christentum, überhaupt von der Religion. In seiner Form, in der seinem Wesen eigentümlichen Weise, als Staat emanzipiert sich der Staat von der Religion, indem er sich von der Staatsreligion emanzipiert, d.h., indem der Staat als Staat keine Religion bekennt, indem der Staat sich vielmehr als Staat bekennt. Die politische Emanzipation von der Religion ist nicht die durchgeführte, die widerspruchslose

Emanzipation von der Religion, weil die politische Emanzipation nicht die durchgeführte, die widerspruchslose Weise der menschlichen Emanzipation ist,

Die Grenze der politischen Emanzipation erscheint sogleich darin, daß der Staat sich von einer Schranke befreien kann, ohne daß der Mensch wirklich von ihr frei wäre, daß der Staat ein Freistaat sein kann, ohne daß der Mensch ein freier Mensch wäre. Bauer selbst gibt dies stillschweigend zu, wenn er folgende Bedingung der politischen Emanzipation setzt:

"Jedes religiöse Privilegium überhaupt, also auch das Monopol einer bevorrechteten Kirche, müßte aufgehoben, und wenn einige oder mehrere oder auch die überwiegende Mehrzahl noch religiöse Pflichten glaubten erfüllen zu müssen, so müßte diese Erfüllung als eine reine Privatsache ihnen selbst überlassen sein".

Der Staat kann sich also von der Religion emanzipiert haben, sogar wenn die überwiegende Mehrzahl noch religiös ist. Und die überwiegende Mehrzahl hört dadurch nicht auf, religiös zu sein, daß sie privatim religiös ist.

Aber das Verhalten des Staats zur Religion, namentlich des Freistaats, ist doch nur das Verhalten der Menschen, die den Staat bilden, zur Religion, Es folgt hieraus, daß der Mensch durch das Medium des Staats, daß er politisch von einer Schranke sich befreit, indem er sich im Widerspruch mit sich selbst, indem er sich auf eine abstrakte und beschränkte, auf partielle Weise über diese Schranke erhebt. Es folgt ferner, daß der Mensch auf einem Umweg, durch ein Medium, wenn auch durch ein notwendiges Medium sich befreit, indem er sich politisch befreit. Es folgt endlich, daß der Mensch, selbst wenn er durch die Vermittlung des Staats sich als Atheisten proklamiert, d.h., wenn er den Staat zum Atheisten proklamiert, immer noch religiös befangen bleibt, eben weil er sich nur auf einem Umweg, weil er nur durch ein Medium sich selbst anerkennt. Die Religion ist eben die Anerkennung des Menschen auf einem Umweg. Durch einen Mittler. Der Staat ist der Mittler zwischen dem Menschen und der Freiheit des Menschen. Wie Christus der Mittler ist, dem der Mensch seine ganze Göttlichkeit, seine ganze religiöse Befangenheit aufbürdet, so ist der Staat der Mittler, in den er seine ganze Ungöttlichkeit, seine ganze menschliche Unbefangenheit verlegt.

Die politische Erhebung des Menschen über die Religion teilt alle Mängel und alle Vorzüge der politischen Erhebung überhaupt. Der Staat als Staat annulliert z.B. das Privateigentum, der Mensch erklärt auf politische Weise das Privateigentum für aufgehoben, sobald er den Zensus für aktive und passive Wählbarkeit aufhebt, wie dies in vielen nordamerikanischen Staaten geschehen ist. Hamilton interpretiert dies Faktum von politischem Standpunkte ganz richtig dahin: "Der große Haufen hat den Sieg über die Eigentümer und den Geldreichtum davongetragen." Ist das Privateigentum nicht ideell aufgehoben, wenn der Nichtbesitzende zum Gesetzgeber des Besitzenden geworden ist? Der Zensus ist die letzte politische Form, das Privateigentum anzuerkennen.

Dennoch ist mit der politischen Annullation des Privateigentums das Privateigentum nicht nur nicht aufgehoben, sondern sogar vorausgesetzt. Der Staat hebt den Unterschied der Geburt, des Standes, der Bildung, der Beschäftigung in seiner Weise auf, wenn er Geburt, Stand, Bildung, Beschäftigung für unpolitische Unterschiede erklärt, wenn er ohne Rücksicht auf diese Unterschiede jedes Glied des Volkes zum gleichmäßigen Teilnehmer der Volkssouveränität ausruft, wenn er alle Elemente des wirklichen Volkslebens von dem Staatsgesichtspunkt aus behandelt. Nichtsdestoweniger läßt der Staat das Privateigentum, die Bildung, die Beschäftigung auf ihre Weise, d.h. als Privateigentum, als Bildung, als Beschäftigung wirken und ihr besondres Wesen geltend machen. Weit entfernt, diese faktischen Unterschiede aufzuheben, existiert er vielmehr nur unter ihrer Voraussetzung, empfindet er sich als politischer Staat und macht er seine Allgemeinheit geltend nur im Gegensatz zu diesen seinen Elementen. Hegel bestimmt das Verhältnis des politischen Staats zur Religion daher ganz richtig, wenn er sagt:

"Damit [...] der Staat als die sich wissende sittliche Wirklichkeit des Geistes zum Dasein komme, ist seine Unterscheidung von der Form der Autorität und des Glaubens notwendig; diese Unterscheidung tritt aber nur hervor, insofern die kirchliche Seite in sich selbst zur Trennung kommt; nur so über die besondern Kirchen hat der Staat die Allgemeinheit des Gedankens, das Prinzip seiner Form gewonnen und bringt sie zur Existenz" (Hegels Rechtsphilosophie, 1. Ausgabe, p. 346).

Allerdings! Nur so über den besondern Elementen konstituiert sich der Staat als Allgemeinheit.

Der vollendete politische Staat ist seinem Wesen nach das Gattungsleben des Menschen im Gegensatz zu seinem materiellen Leben. Alle Voraussetzungen dieses egoistischen Lebens bleiben außerhalb der Staatssphäre in der bürgerlichen Gesellschaft bestehen, aber als Eigenschaften der bürgerlichen Gesellschaft. Wo der politische Staat seine wahre Ausbildung erreicht hat, führt der Mensch nicht nur im Gedanken, im Bewußtsein, sondern in der Wirklichkeit, im

Leben ein doppeltes, ein himmlisches und ein irdisches Leben, das Leben im politischen Gemeinwesen, worin er sich als Gemeinwesen gilt, und das Leben in der bürgerlichen Gesellschaft, worin er als Privatmensch tätig ist, die andern Menschen als Mittel betrachtet, sich selbst zum Mittel herabwürdigt und zum Spielball fremder Mächte wird. Der politische Staat verhält sich ebenso spiritualistisch zur bürgerlichen Gesellschaft wie der Himmel zur Erde. Er steht in demselben Gegensatz zu ihr, er überwindet sie in derselben Weise wie die Religion die Beschränktheit der profanen Welt, d.h., indem er sie ebenfalls wieder anerkennen, herstellen, sich selbst von ihr beherrschen lassen muß. Der Mensch in seiner nächsten Wirklichkeit, in der bürgerlichen Gesellschaft, ist ein profanes Wesen. Hier, wo er als wirkliches Individuum sich selbst und andern gilt, ist er eine unwahre Erscheinung. In dem Staat dagegen, wo der Mensch als Gattungswesen gilt, ist er das imaginäre Glied einer eingebildeten Souveränität, ist er seines wirklichen individuellen Lebens beraubt und mit einer unwirklichen Allgemeinheit erfüllt.

Der Konflikt, in welchem sich der Mensch als Bekenner einer besondern Religion mit seinem Staatsbürgertum, mit den andern Menschen als Gliedern des Gemeinwesens befindet, reduziert sich auf die weltliche Spaltung zwischen dem politischen Staat und der bürgerlichen Gesellschaft. Für den Menschen als bourgeois „Hier: Mitglied der bürgerlichen Gesellschaft“ ist das "Leben im Staate nur Schein oder eine momentane Ausnahme gegen das Wesen und die Regel". Allerdings bleibt der bourgeois, wie der Jude, nur sophistisch im Staatsleben, wie der citoyen „Staatsbürger“ nur sophistisch Jude oder bourgeois bleibt; aber diese Sophistik ist nicht persönlich. Sie ist Sophistik des politischen Staates selbst. Die Differenz zwischen dem religiösen Menschen und dem

Staatsbürger ist die Differenz zwischen dem Kaufmann und dem Staatsbürger, zwischen dem Taglöhner und dem Staatsbürger, zwischen dem Grundbesitzer und dem Staatsbürger, zwischen dem lebendigen Individuum und dem Staatsbürger. Der Widerspruch, in dem sich der religiöse Mensch mit dem politischen Menschen befindet, ist derselbe Widerspruch, in welchem sich der bourgeois mit dem citoyen, in welchem sich Mitglied der bürgerlichen Gesellschaft mit seiner politischen Löwenhaut befindet.

Diesen weltlichen Widerstreit, auf welchen sich die Judenfrage schließlich reduziert, das Verhältnis des politischen Staates zu seinen Voraussetzungen, mögen dies nun materielle Elemente sein, wie das Privateigentum etc., oder geistige, wie Bildung, Religion, den Widerstreit zwischen dem allgemeinen Interesse und dem Privatinteresse, die Spaltung zwischen dem politischen Staat und der bürgerlichen Gesellschaft, diese weltlichen Gegensätze läßt Bauer bestehen, während er gegen ihren religiösen Ausdruck polemisiert.

"Gerade ihre Grundlage, das Bedürfnis, welches der bürgerlichen Gesellschaft ihr Bestehen sichert und ihre Notwendigkeit garantiert, setzt ihr Bestehen beständigen Gefahren aus, unterhält in ihr ein unsicheres Element und bringt jene in beständigem Wechsel begriffene Mischung von Armut und Reichtum, Not und Gedeihen, überhaupt den Wechsel hervor."

Man vergleiche den ganzen Abschnitt: "Die bürgerliche Gesellschaft", der nach den Grundzügen der Hegelschen Rechtsphilosophie entworfen ist. Die bürgerliche Gesellschaft in ihrem Gegensatz zum politischen Staat wird als notwendig anerkannt, weil der politische Staat als notwendig anerkannt wird.

Die politische Emanzipation ist allerdings ein großer Fortschritt, sie ist zwar nicht die letzte Form der menschlichen Emanzipation überhaupt, aber sie ist die letzte Form der menschlichen Emanzipation innerhalb der bisherigen Weltordnung. Es versteht sich: wir sprechen hier von wirklicher, von praktischer Emanzipation.

Der Mensch emanzipiert sich politisch von der Religion, indem er sie aus dem öffentlichen Recht in das Privatrecht verbannt. Sie ist nicht mehr der Geist des Staats, wo der Mensch - wenn auch in beschränkter Weise, unter besonderer Form und in einer besondern Sphäre - sich als Gattungswesen verhält, in Gemeinschaft mit andern Menschen, sie ist zum Geist der bürgerlichen Gesellschaft geworden, der Sphäre des

Egoismus, des bellum omnium contra omnes „Krieges aller gegen alle“. Sie ist nicht mehr das Wesen der Gemeinschaft, sondern das Wesen des Unterschieds. Sie ist zum Ausdruck der Trennung des Menschen von seinem Gemeinwesen, von sich und den andern Menschen geworden - was sie ursprünglich war. Sie ist nur noch das abstrakte Bekenntnis der besondern Verkehrtheit, der Privatschrulle, der Willkür. Die unendliche Zersplitterung der Religion in Nordamerika z.B. gibt ihr schon äußerlich die Form einer rein individuellen Angelegenheit. Sie ist unter die Zahl der Privatinteressen hinabgestoßen und aus dem Gemeinwesen als Gemeinwesen exiliert. Aber man täusche sich nicht über die Grenze der politischen Emanzipation. Die Spaltung des Menschen in den öffentlichen und in den Privatmenschen, die Dislokation der Religion aus dem Staate in die bürgerliche Gesellschaft, sie ist nicht eine Stufe, sie ist die Vollendung der politischen

Emanzipation, die also die wirkliche Religiosität des Menschen ebensowenig aufhebt, als aufzuheben strebt.

Die Zersetzung des Menschen in den Juden und in den Staatsbürger, in den Protestanten und in den Staatsbürger, in den religiösen Menschen und in den Staatsbürger, diese Zersetzung ist keine Lüge gegen das Staatsbürgertum, sie ist keine Umgehung der politischen Emanzipation, sie ist die politische Emanzipation selbst, sie ist die politische Weise, sich von der Religion zu emanzipieren. Allerdings: In Zeiten, wo der politische Staat als politischer Staat gewaltsam aus der bürgerlichen Gesellschaft heraus geboren wird, wo die menschliche Selbstbefreiung unter der Form der politischen Selbstbefreiung sich zu vollziehen strebt, kann und muß der Staat bis zur Aufhebung der Religion, bis zur Vernichtung der Religion fortgehen, aber nur so, wie er zur Aufhebung des Privateigentums, zum Maximum, zur Konfiskation, zur progressiven Steuer, wie er zur Aufhebung des Lebens, zur Guillotine fortgeht. In den Momenten seines besondern Selbstgefühls sucht das politische Leben seine Voraussetzung, die bürgerliche Gesellschaft und ihre Elemente, zu erdrücken und sich als das wirkliche, widerspruchslose Gattungsleben des Menschen zu konstituieren. Es vermag dies indes nur durch gewaltsamen Widerspruch gegen seine eigenen Lebensbedingungen, nur indem es die Revolution für permanent erklärt, und das politische Drama endet daher ebenso notwendig mit der Wiederherstellung der Religion, des Privateigentums, aller Elemente der bürgerlichen Gesellschaft, wie der Krieg mit dem Frieden endet.

Ja, nicht der sogenannte christliche Staat, der das Christenturn als seine Grundlage, als Staatsreligion bekennt und sich daher ausschließend zu andern Religionen verhält, ist der vollendete christliche Staat, sondern vielmehr der atheistische Staat, der demokratische Staat, der Staat, der die Religion unter die übrigen Elemente der bürgerlichen Gesellschaft verweist. Dem Staat, der noch Theologe ist, der noch das Glaubensbekenntnis des Christentums auf offizielle Weise ablegt, der sich noch nicht als Staat zu proklamieren wagt, ihm ist es noch nicht gelungen, in weltlicher, menschlicher Form, in seiner Wirklichkeit als Staat die menschliche Grundlage auszudrücken, deren überschwenglicher Ausdruck das Christentum ist. Der sogenannte christliche Staat ist nur einfach der Nichtstaat, weil nicht das Christentum als Religion, sondern nur der menschliche Hintergrund der christlichen Religion in wirklich menschlichen Schöpfungen sich ausführen kann.

Der sogenannte christliche Staat ist die christliche Verneinung des Staats, aber keineswegs die staatliche Verwirklichung des Christentums. Der Staat, der das

Christentum noch in der Form der Religion bekennt, bekennt es noch nicht in der Form des Staats, denn er verhält sich noch religiös zu der Religion, d.h., er ist nicht die wirkliche Ausführung des menschlichen Grundes der Religion, weil er noch auf die Unwirklichkeit, auf die imaginäre Gestalt dieses menschlichen Kernes provoziert. Der sogenannte christliche Staat ist der unvollkommene Staat, und die christliche Religion gilt ihm als Ergänzung und als Heiligung seiner Unvollkommenheit. Die Religion wird ihm daher notwendig zum Mittel, und er ist der Staat der Heuchelei. Es ist ein großer Unterschied, ob der vollendete Staat wegen des Mangels, der im allgemeinen Wesen des Staats liegt, die Religion unter seine Voraussetzungen zählt, oder ob der unvollendete Staat wegen des Mangels, der in seiner besondern Existenz liegt, als mangelhafter Staat, die Religion für seine Grundlage erklärt. Im letztem Fall wird die Religion zur unvollkommenen Politik.

Im ersten Fall zeigt sich die Unvollkommenheit selbst der vollendeten Politik in der Religion. Der sogenannte christliche Staat bedarf der christlichen Religion, um sich als Staat zu vervollständigen. Der demokratische Staat, der wirkliche Staat, bedarf nicht der Religion zu seiner politischen Vervollständigung. Er kann vielmehr von der Religion abstrahieren, weil in ihm die menschliche Grundlage der Religion auf weltliche Weise ausgeführt ist. Der sogenannte christliche Staat verhält sich dagegen politisch zur Religion und religiös zur Politik. Wenn er die Staatsformen zum Schein herabsetzt, so setzt er ebensosehr die Religion zum Schein herab.

Um diesen Gegensatz zu verdeutlichen, betrachten wir Bauers Konstruktion des christlichen Staats, eine Konstruktion, welche aus der Anschauung des christlich-germanischen Staats hervorgegangen ist.

"Man hat neuerlich", sagt Bauer, "um die Unmöglichkeit oder Nichtexistenz eines christlichen Staates zu beweisen, öfter auf diejenigen Aussprüche in dem Evangelium „Bei Bauer: den Evangelien“hingewiesen, die der [jetzige] Staat nicht nur nicht befolgt, sondern auch nicht einmal befolgen kann, wenn er sich nicht [als Staat] vollständig auflösen will." "So leicht aber ist die Sache nicht abgemacht. Was verlangen denn jene evangelischen Sprüche? Die übernatürliche Selbstverleugnung, die Unterwerfung unter die Autorität der Offenbarung, die Abwendung vom Staat, die Aufhebung der weltlichen Verhältnisse. Nun, alles das verlangt und leistet der christliche Staat. Er hat den Geist des Evangeliums sich angeeignet, und wenn er ihn nicht mit denselben Buchstaben wiedergibt. mit denen ihn das Evangelium ausdrückt, so kommt das nur daher, weil er diesen Geist in Staatsformen, d.h. in Formen ausdrückt, die zwar dem Staatswesen in dieser

Welt entlehnt sind, aber in der religiösen Wiedergeburt, die sie erfahren müssen, zum Schein herabgesetzt werden. Es ist die Abwendung vom Staat, die sich zu ihrer Ausführung der Staatsformen bedient."

Bauer entwickelt nun weiter, wie das Volk des christlichen Staats nur ein Nichtvolk ist, keinen eignen Willen mehr hat, sein wahres Dasein aber in dem Haupte besitzt, dem es untertan, welches ihm jedoch ursprünglich und seiner Natur nach fremd, d.h. von Gott gegeben und ohne sein eignes Zutun zu ihm gekommen ist, wie die Gesetze dieses Volkes nicht sein Werk, sondern positive Offenbarungen sind, wie sein Oberhaupt privilegierter Vermittler mit dem eigentlichen Volke, mit der Masse bedarf, wie diese Masse selbst in eine Menge besondrer Kreise zerfällt, welche der Zufall bildet und bestimmt, die sich durch ihre Interessen, besonderen Leidenschaften und Vorurteile unterscheiden und als

Privilegium die Erlaubnis bekommen, sich gegenseitig voneinander abzuschließen, etc.

Allein Bauer sagt selbst:

"Die Politik, wenn sie nichts als Religion sein soll, darf nicht Politik sein, sowenig, wie das Reinigen der Kochtöpfe, wenn es als Religionsangelegenheit gelten soll, als eine Wirtschaftssache betrachtet werden darf."

Im christlich-germanischen Staat ist aber die Religion eine "Wirtschaftssache", wie die "Wirtschaftssache" Religion ist. Im christlich-germanischen Staat ist die Herrschaft der Religion die Religion der Herrschaft.

Die Trennung des "Geistes des Evangeliums" von den "Buchstaben des Evangeliums" ist ein irreligiöser Akt. Der Staat, der das Evangelium in den Buchstaben der Politik sprechen läßt, in andern Buchstaben als den Buchstaben des heiligen Geistes, begeht ein Sakrilegium, wenn nicht vor menschlichen Augen, so doch vor seinen eigenen religiösen Augen. Dem Staat, der das Christentum als seine höchste Norm, der die Bibel als seine Charte bekennt, muß man die Worte der heiligen Schrift entgegenstellen, denn die Schrift ist heilig bis auf das Wort. Dieser Staat sowohl als das Menschenkehricht, worauf er basiert, gerät in einen schmerzlichen, vom Standpunkte des religiösen Bewußtseins aus unüberwindlichen Widerspruch, wenn man ihn auf diejenigen Aussprüche des Evangeliums verweist, die er "nicht nur nicht befolgt, sondern auch nicht einmal befolgen kann, wenn er sich nicht als Staat vollständig auflösen will". Und warum will er sich nicht vollständig auflösen? Er selbst kann darauf weder sich noch andern antworten. Vor seinem eignen Bewußtsein ist der offizielle christliche Staat ein Sollen, dessen Verwirklichung unerreichbar ist, der die Wirklichkeit seiner

Existenz nur durch Lügen vor sich selbst zu konstatieren weiß und sich selbst daher stets ein Gegenstand des Zweifels, ein unzuverlässiger, problematischer Gegenstand bleibt. Die Kritik befindet sich also in vollem Rechte, wenn sie den Staat, der auf die Bibel provoziert, zur Verrücktheit des Bewußtseins zwingt, wo er selbst nicht mehr weiß, ob er eine Einbildung oder eine Realität ist, wo die Infamie seiner weltlichen Zwecke, denen die Religion zum Deckmantel dient, mit der Ehrlichkeit seines religiösen Bewußtseins, dem die Religion als Zweck der Welt erscheint, in unauflöslichen Konflikt gerät. Dieser Staat kann sich nur aus seiner innern Qual erlösen, wenn er zum Schergen der katholischen Kirche wird. Ihr gegenüber, welche die weltliche Macht für ihren dienenden Körper erklärt, ist der Staat ohnmächtig, ohnmächtig die weltliche Macht, welche die Herrschaft des religiösen Geistes zu sein behauptet.

In dem sogenannten christlichen Staat gilt zwar die Entfremdung, aber nicht der Mensch. Der einzige Mensch, der gilt, der König, ist ein von den andern Menschen spezifisch unterschiedenes, dabei selbst noch religiöses, mit dem Himmel, mit Gott direkt zusammenhängendes Wesen. Die Beziehungen, die hier herrschen, sind noch gläubige Beziehungen. Der religiöse Geist ist also noch nicht wirklich verweltlicht.

Aber der religiöse Geist kann auch nicht wirklich verweltlicht werden, denn was ist er selbst, als die unweltliche Form einer Entwicklungsstufe des menschlichen Geistes? Der religiöse Geist kann nur verwirklicht werden, insofern die Entwicklungsstufe des menschlichen Geistes, deren religiöser Ausdruck er ist, in ihrer weltlichen Form heraustritt und sich konstituiert. Dies geschieht im demokratischen Staat. Nicht das Christentum, sondern der menschliche Grund des

Christentums ist der Grund dieses Staates. Die Religion bleibt das ideale, unweltliche Bewußtsein seiner Glieder, weil sie die ideale Form der menschlichen Entwicklungsstufe ist, die in ihm durchgeführt wird.

Religiös sind die Glieder des politischen Staats durch den Dualismus zwischen dem individuellen und dem Gattungsleben, zwischen dem Leben der bürgerlichen Gesellschaft und dem politischen Leben, religiös, indem der Mensch sich zu dem seiner wirklichen Individualität jenseitigen Staatsleben als seinem wahren Leben verhält, religiös, insofern die Religion hier der Geist der bürgerlichen Gesellschaft, der Ausdruck der Trennung und der Entfernung des Menschen vom Menschen ist. Christlich ist die politische Demokratie, indem in ihr der Mensch, nicht nur ein Mensch, sondern jeder Mensch, als souveränes, als höchstes Wesen gilt, aber der Mensch in seiner unkultivierten, unsozialen

Erscheinung, der Mensch in seiner zufälligen Existenz, der Mensch, wie er geht und steht, der Mensch, wie er durch die ganze Organisation unserer Gesellschaft verdorben, sich selbst verloren, veräußert, unter die Herrschaft unmenschlicher Verhältnisse und Elemente gegeben ist, mit einem Wort, der Mensch, der noch kein wirkliches Gattungswesen ist. Das Phantasiegebild, der Traum, das Postulat des Christentums, die Souveränität des Menschen, aber als eines fremden, von dem wirklichen Menschen unterschiedenen Wesens, ist in der Demokratie sinnliche Wirklichkeit, Gegenwart, weltliche Maxime.

Das religiöse und theologische Bewußtsein selbst gilt sich in der vollendeten Demokratie um so religiöser, um so theologischer, als es scheinbar ohne politische Bedeutung, ohne irdische Zwecke, Angelegenheit des weltscheuen Gemütes, Ausdruck der Verstandes-Borniertheit, Produkt der

Willkür und der Phantasie, als es ein wirklich jenseitiges Leben ist. Das Christentum erreicht hier den praktischen Ausdruck seiner universalreligiösen Bedeutung, indem die verschiedenartigste Weltanschauung in der Form des Christentums sich nebeneinander gruppiert, noch mehr dadurch, daß es an andere nicht einmal die Forderung des Christentums, sondern nur noch der Religion überhaupt, irgendeiner Religion stellt (vergl. die angeführte Schrift von Beaumont). Das religiöse Bewußtsein schwelgt in dem Reichtum des religiösen Gegensatzes und der religiösen Mannigfaltigkeit.

Wir haben also gezeigt: Die politische Emanzipation von der Religion läßt die Religion bestehn, wenn auch keine privilegierte Religion. Der Widerspruch, in welchem sich der Anhänger einer besondern Religion mit seinem Staatsbürgertum befindet, ist nur ein Teil des allgemeinen weltlichen Widerspruchs zwischen dem politischen Staat und der bürgerlichen Gesellschaft. Die Vollendung des christlichen Staats ist der Staat, der sich als Staat bekennt und von der Religion seiner Glieder abstrahiert. Die Emanzipation des Staats von der Religion ist nicht die Emanzipation des wirklichen Menschen von der Religion.

Wir sagen also nicht mit Bauer den Juden: Ihr könnt nicht politisch emanzipiert werden, ohne euch radikal vom Judentum zu emanzipieren. Wir sagen ihnen vielmehr: Weil ihr politisch emanzipiert werden könnt, ohne euch vollständig und widerspruchslos vom Judentum loszusagen, darum ist die politische Emanzipation selbst nicht die menschliche Emanzipation. Wenn ihr Juden politisch emanzipiert werden wollt, ohne euch selbst menschlich zu emanzipieren, so liegt die Halbheit und der Widerspruch nicht nur in euch, sie liegt, in dem Wesen und der Kategorie der politischen

Emanzipation, Wenn ihr in dieser Kategorie befangen seid, so teilt ihr eine allgemeine Befangenheit. Wie der Staat evangelisiert, wenn er, obschon Staat, sich christlich zu dem Juden verhält, so politisiert der Jude, wenn er, obschon Jude, Staatsbürgerrechte verlangt.

Aber wenn der Mensch, obgleich Jude, politisch emanzipiert werden, Staatsbürgerrechte empfangen kann, kann er die sogenannten Menschenrechte in Anspruch nehmen und empfangen? Bauer leugnet es.

"Die Frage ist, ob der Jude als solcher, d.h. der Jude, der selber eingesteht, daß er durch sein wahres Wesen gezwungen ist, in ewiger Absonderung von andren zu leben, fähig sei, die allgemeinen Menschenrechte zu empfangen und andern zuzugestehn."

"Der Gedanke der Menschenrechte ist für die christliche Welt erst im vorigen Jahrhundert entdeckt worden. Er ist dem Menschen nicht angeboren, er wird vielmehr nur erobert im Kampfe gegen die geschichtlichen Traditionen, in denen der Mensch bisher erzogen wurde. So sind die Menschenrechte nicht ein Geschenk der Natur, keine Mitgift der bisherigen Geschichte, sondern der Preis des Kampfes gegen den Zufall der Geburt und gegen die Privilegien, welche die Geschichte von Generation auf Generation bis jetzt vererbt hat. Sie sind die Resultate der Bildung, und derjenige kann sie nur besitzen, der sie sich erworben und verdient hat."

"Kann sie nun der Jude wirklich in Besitz nehmen? Solange er Jude ist, muß über das menschliche Wesen, welches ihn als Menschen mit Menschen verbinden sollte, das beschränkte Wesen, das ihn zum Juden macht, den Sieg davontragen und ihn von den Nichtjuden absondern. Er erklärt durch diese

Absonderung, daß das besondere Wesen, das ihn zum Juden macht, sein wahres höchstes Wesen ist, vor welchem das Wesen des Menschen zurücktreten muß."

"In derselben Weise kann der Christ als Christ keine Menschenrechte gewähren."

Der Mensch muß nach Bauer das "Privilegium des Glaubens" aufopfern, um die allgemeinen Menschenrechte empfangen zu können. Betrachten wir einen Augenblick die sogenannten Menschenrechte, und zwar die Menschenrechte unter ihrer authentischen Gestalt, unter der Gestalt, welche sie bei ihren Entdeckern, den Nordamerikanern und Franzosen, besitzen! Zum Teil sind diese Menschenrechte politische Rechte, Rechte, die nur in der Gemeinschaft mit andern ausgeübt werden. Die Teilnahme am Gemeinwesen, und zwar am politischen Gemeinwesen, am Staatswesen, bildet ihren

Inhalt. Sie fallen unter die Kategorie der politischen Freiheit, unter die Kategorie der Staatsbürgerrechte, welche keineswegs, wie wir gesehn, die widerspruchslose und positive Aufhebung der Religion, also etwa auch des Judentums, voraussetzen. Es bleibt der andere Teil der Menschenrechte zu betrachten, die droits de l'homme „Menschenrechte", insofern sie unterschieden sind von den droits du citoyen „Staatsbürgerrechte".

In ihrer Reihe findet sich die Gewissensfreiheit, das Recht, einen beliebigen Kultus auszuüben. Das Privilegium des Glaubens wird ausdrücklich anerkannt, entweder als ein Menschenrecht oder als Konsequenz eines Menschenrechtes, der Freiheit.

Déclaration des droits de l'homme et du citoyen, 1791, article 10. "Nul ne doit être inquiété pour ses opinions même religieuses." „Erklärung der Menschen- und Bürgerrechte 1791, Artikel 10: "Niemand soll wegen seiner Überzeugungen, auch nicht der religiösen, behelligt werden." „Im titre 1 der Konstitution von 1791 wird als Menschenrecht garantiert: "La liberté à taut homme d'exercer le culte religieux auquel il est attaché." „"Die Freiheit für jedermann, den religiösen Kult auszuüben, dessen Anhänger er ist."„

Déclaration des droits de l'homme, etc. 1793, zählt unter die Menschenrechte, Artikel 7: "Le libre exercice des cultes." „"Die freie Ausübung der Kulte" „Ja, in bezug auf das Recht, seine Gedanken und Meinungen zu veröffentlichen, sich zu versammeln, seinen Kultus auszuüben. heißt es sogar: "La nécessité d'énoncer ces droits suppose ou la présencc ou le souvenir récent du despotisme." „"Die Notwendigkeit, diese Rechte zu verkünden, setzt entweder das Vorhandensein oder die frische Erinnerung des Despotismus voraus" „Man vergleiche die Konstitution von 1795, titre XIV, article 354.

Constitution de Pensylvanie, article 9, § 3: "Tous les hommes ont reçu de la nature le droit imprescriptible d'adorer le Taut-Puissant selon les inspirations de leur conscience, et nul ne peut légalement être contraint de suivre, instituer ou soutenir contre son gré aucun culte au ministère religieux. Nulle autorité humaine ne peut, dans aucun cas, intervenir dans les questions de conscience et contrôler les pouvoirs de l'âme."

„Verfassung von Pennsylvanien, Artikel 9, § 3: "Alle Menschen haben von der Natur das unabhängige Recht empfangen, den Eingebungen ihres Gewissens folgend zum Allmächtigen zu beten, und niemand kann von Gesetzes wegen gezwungen werden, sich gegen seinen Wunsch zu irgendeinem Kult oder Gottesdienst zu bekennen, sie einzuführen oder zu unterstützen. In keinem Falle darf irgendeine menschliche Macht sich in Gewissensfragen einmischen und die Kräfte der Seele kontrollieren.",

Constitution de New-Hampshire, article 5 et 6: "Au nombre des droits naturels, quelques-uns sont inaliénables de leur nature, parce que rien n'en peut être l'équivalent. De ce nombre sont les droits de conscience."

„Verfassung von New-Hampshire, Artikel 5 und 6: "Unter den natürlichen Rechten gibt es einige, die ihrer Natur nach unveräußerlich sind, weil sie durch nichts Gleichwertiges ersetzt werden könnten. zu diesen zählen die Gewissensrechte" „(Beaumont, 1. c., p. 213, 214.)"

Die Unvereinbarkeit der Religion mit den Menschenrechten liegt so wenig im Begriff der Menschenrechte, daß das Recht, religiös zu sein, auf beliebige Weise religiös zu sein, den Kultus seiner besonderen Religion auszuüben, vielmehr ausdrücklich unter die Menschenrechte gezählt wird. Das Privilegium des Glaubens ist ein allgemeines Menschenrecht.

Die droits de l'homme, die Menschenrechte werden als solche unterschieden von den droits du citoyen, von den Staatsbürgerrechten. Wer ist der vom citoyen unterschiedene homme? Niemand anders als das Mitglied der bürgerlichen Gesellschaft. Warum wird das Mitglied der bürgerlichen Gesellschaft "Mensch", Mensch schlechthin, warum werden seine Rechte Menschenrechte genannt? Woraus erklären wir dies Faktum? Aus dem Verhältnis des politischen Staats zur bürgerlichen Gesellschaft, aus dem Wesen der politischen Emanzipation.

Vor allem konstatieren wir die Tatsache, daß die sogenannten Menschenrechte, die droits de l'homme im

Unterschied von den droits du citoyen, nichts anderes sind als die Rechte des Mitglieds der bürgerlichen Gesellschaft, d.h. des egoistischen Menschen, des vom Menschen und vom Gemeinwesen getrennten Menschen. Die radikalste Konstitution, die Konstitution von 1793, mag sprechen:

Déclaration des droits de l'homme et du citoyen.

Article 2. "Ces droits etc. (les droits naturels et imprescriptibles) sont: l'égalité, la liberté, la sûreté, la propriété."

„Erklärung der Menschen- und Bürgerrechte.

Artikel 2. "Die Rechte usw. (die natürlichen und unabdingbaren Rechte) sind: "Gleichheit, Freiheit, Sicherheit, Eigentum."„

Worin besteht die liberté?

Article 6. "1,5 liberté est le pouvoir qui appartient à l'homme de faire tout ce qui ne nuit pas aux droits d'autrui", oder nach der Deklaration der Menschenrechte von 1791: "1,5 liberté consiste à pouvoir faire tout ce qui ne nuit pas à autrui."

„Artikel 6. "Freiheit ist das Recht des Menschen, alles tun zu dürfen, was den Rechten eines anderen nicht schadet", oder nach der Deklaration der Menschenrechte von 1791 "Die Freiheit besteht darin, alles tun zu dürfen, was keinem anderen schadet.",,

Die Freiheit ist also das Recht, alles zu tun und zu treiben, was keinem andern schadet. Die Grenze, in welcher sich jeder dem andern unschädlich bewegen kann, ist durch das Gesetz bestimmt, wie die Grenze zweier Felder durch den Zaunpfahl bestimmt ist. Es handelt sich um die Freiheit des Menschen als isolierter auf sich zurückgezogener Monade. Warum ist der Jude nach Bauer unfähig, die Menschenrechte zu empfangen?

"Solange er Jude ist, muß über das menschliche Wesen, welches ihn als Menschen mit Menschen verbinden sollte, das beschränkte Wesen, das ihn zum Juden macht, den Sieg davontragen und ihn von den Nichtjuden absondern."

Aber das Menschenrecht der Freiheit basiert nicht auf der Verbindung des Menschen mit dem Menschen, sondern vielmehr auf der Absonderung des Menschen von dem Menschen. Es ist das Recht dieser Absonderung, das Recht des beschränkten, auf sich beschränkten Individuums.

Die praktische Nutzanwendung des Menschenrechtes der Freiheit ist das Menschenrecht des Privateigentums.

Worin besteht das Menschenrecht des Privateigentums?

Article 16. (Constitution de 1793): "Le droit de propriété est celui qui appartient à tout citoyen de jouir et de disposer à son gré de ses biens, de ses revenus, du fruit de son travail et de son industrie."

„Artikel 16. (Verfassung von 1793): "Das Eigentumsrecht ist das Recht jedes Bürgers, willkürlich seine Güter, seine Einkünfte, die Früchte seiner Arbeit und seines Fleißes zu genießen und darüber zu disponieren."„

Das Menschenrecht des Privateigentums ist also das Recht, willkürlich (à son gré), ohne Beziehung auf andre Menschen, unabhängig von der Gesellschaft, sein Vermögen zu genießen und über dasselbe zu disponieren, das Recht des Eigennutzes. Jene individuelle Freiheit, wie diese Nutzanwendung derselben, bilden die Grundlage der bürgerlichen Gesellschaft. Sie läßt jeden Menschen im andern Menschen nicht die

Verwirklichung, sondern vielmehr die Schranke seiner Freiheit finden. Sie proklamiert vor allem aber das Menschenrecht,

"de jouir et de disposer à son gré de ses biens, de ses revenus, du fruit de son travail et de son industrie".

Es bleiben noch die andern Menschenrechte, die égalité und die sûreté.

Die égalité, hier in ihrer nichtpolitischen Bedeutung, ist nichts als die Gleichheit der oben beschriebenen liberté, nämlich: daß jeder Mensch gleichmäßig als solche auf sich ruhende Monade betrachtet wird, Die Konstitution von 1795 bestimmt den Begriff dieser Gleichheit, ihrer Bedeutung angemessen, dahin:

Article 3. (Constitution de 1795): "L'égalité consiste en ce que la loi est la même pour tous, soit qu'elle protège, soit qu'elle punisse."

„Artikel 3. (Verfassung von 1795): "Die Gleichheit besteht darin, daß das gleiche Gesetz für alle gilt, ganz gleich ob es beschützt oder bestraft."„

Und die sûreté?

Article 8. (Constitution de 1793“: "La sûreté consiste dans la protection accordée par la société à chacun de ses membres pour la conservation de sa personne, de ses droits et de ses propriétés."

„Artikel 8. (Verfassung von 1793): "Die Sicherheit besteht in dem Schutz, den die Gesellschaft jedem ihrer Mitglieder gewährt für die Erhaltung seiner Person, seiner Rechte und seines Eigentums."„

Die Sicherheit ist der höchste soziale Begriff der bürgerlichen Gesellschaft, der Begriff der Polizei, daß die ganze Gesellschaft nur da ist, um jedem ihrer Glieder die Erhaltung seiner Person, seiner Rechte und seines Eigentums zu garantieren. Hegel nennt in diesem Sinn die bürgerliche Gesellschaft "den Not- und Verstandesstaat".

Durch den Begriff der Sicherheit erhebt sich die bürgerliche Gesellschaft nicht über ihren Egoismus. Die Sicherheit ist vielmehr die Versicherung ihres Egoismus.

Keines der sogenannten Menschenrechte geht also über den egoistischen Menschen hinaus, über den Menschen, wie er Mitglied der bürgerlichen Gesellschaft, nämlich auf sich, auf sein Privatinteresse und seine Privatwillkür zurückgezogenes und vom Gemeinwesen abgesondertes Individuum ist. Weit entfernt, daß der Mensch in ihnen als Gattungswesen aufgefaßt wurde, erscheint vielmehr das Gattungsleben selbst, die Gesellschaft, als ein den Individuen äußerlicher Rahmen, als Beschränkung ihrer ursprünglichen Selbständigkeit. Das einzige Band, das sie zusammenhält, ist die Naturnotwendigkeit, das Bedürfnis und das Privatinteresse, die Konservation ihres Eigentums und ihrer egoistischen Person.

Es ist schon rätselhaft, daß ein Volk, welches eben beginnt, sich zu befreien, alle Barrieren zwischen den verschiedenen Volksgliedern niederzureißen, ein politisches Gemeinwesen zu gründen, daß ein solches Volk die Berechtigung des egoistischen, vom Mitmenschen und vom Gemeinwesen abgesonderten Menschen feierlich proklamiert (Déclaration de 1791), ja diese Proklamation in einem Augenblicke wiederholt, wo die heroischste Hingebung allein die Nation retten kann und daher gebieterisch verlangt wird, in einem

Augenblicke, wo die Aufopferung aller Interessen der bürgerlichen Gesellschaft zur Tagesordnung erhoben und der Egoismus als ein Verbrechen bestraft werden muß. (Déclaration des droits de l'homme etc. de 1793.) Noch rätselhafter wird diese Tatsache, wenn wir sehen, daß das Staatsbürgertum, das politische Gemeinwesen von den politischen Emanzipatoren sogar zum bloßen Mittel für die Erhaltung dieser sogenannten Menschenrechte herabgesetzt, daß also der citoyen zum Diener des egoistischen homme erklärt, die Sphäre, in welcher der Mensch sich als Gemeinwesen verhält, unter die Sphäre, in welcher er sich als Teilwesen verhält, degradiert, endlich nicht der Mensch als citoyen, sondern der Mensch als bourgeois für den eigentlichen und wahren Menschen genommen wird.

"Le but de toute association politique est le conservation des droits naturels et imprescriptibles de l'homme." (Déclaration des droits etc. de 1791 article 2.) "Le gouvernement est institué pour garantir à l'homme la jouissance de ses droits naturels et imprescriptibles." (Déclaration etc. de 1793 article 1.)

„Das Ziel aller politischen Vereinigung ist die Erhaltung der natürlichen und unabdingbaren Menschenrechte (Erklärung der Rechte usw. von 1791, Artikel 2.) "Die Regierung ist eingesetzt, um dem Menschen den Genuß seiner natürlichen und unabdingbaren Rechte zu verbürgen." (Erklärung usw. von 1793, Artikel 1.)“

Also selbst in den Momenten seines noch jugendfrischen und durch den Drang der Umstände auf die Spitze getriebenen Enthusiasmus, erklärt sich das politische Leben für ein bloßes Mittel, dessen Zweck das Leben der bürgerlichen Gesellschaft ist. Zwar steht seine revolutionäre Praxis in flagrantem Widerspruch mit seiner Theorie. Während z.B. die Sicherheit als ein Menschenrecht erklärt wird, wird die Verletzung des Briefgeheimnisses öffentlich auf die Tagesordnung gesetzt. Während die "liberté indéfinie de la presse" „"unbeschränkte Pressefreiheit"„ (Constitution de 1793 article l22) als Konsequenz des Menschenrechts, der individuellen Freiheit, garantiert wird, wird die Preßfreiheit vollständig vernichtet, denn "la liberté de la presse ne doit pas être permise lorsqu'elle compromet la liberté publique" (Robespierre jeune, "Histoire parlementaire de la revolution française" par Buchez et Roux, T. 28 p. l59) „"... die Pressefreiheit darf nicht zugelassen werden, wenn sie die allgemeine Freiheit verletzt" (Der junge Robespierre, "Parlamentsgeschichte der französischen Revolution" von Bouchez und Roux, Bd. 28, S. 159)", d.h. also: Das Menschenrecht der Freiheit hört auf, ein Recht zu sein, sobald es mit dem politischen Lehen in Konflikt tritt, während der Theorie nach das politische Leben nur die Garantie der

Menschenrechte, der Rechte des individuellen Menschen ist, also aufgegeben werden muß, sobald es seinem Zwecke, diesen Menschenrechten widerspricht. Aber die Praxis ist nur die Ausnahme, und die Theorie ist die Regel. Will man aber selbst die revolutionäre Praxis als die richtige Stellung des Verhältnisses betrachten, so bleibt immer noch das Rätsel zu lösen, warum im Bewußtsein der politischen Emanzipatoren das Verhältnis auf den Kopf gestellt ist und der Zweck als Mittel, das Mittel als Zweck erscheint. Diese optische Täuschung ihres Bewußtseins wäre immer noch dasselbe Rätsel, obgleich dann ein psychologisches, ein theoretisches Rätsel.

Das Rätsel löst sich einfach.

Die politische Emanzipation ist zugleich die Auflösung der alten Gesellschaft, auf welcher das dem Volk entfremdete

Staatswesen, die Herrschermacht, ruht. Die politische Revolution ist die Revolution der bürgerlichen Gesellschaft. Welches war der Charakter der alten Gesellschaft? Ein Wort charakterisiert sie. Die Feudalität. Die alte bürgerliche Gesellschaft hatte unmittelbar einen politischen Charakter, d.h., die Elemente des bürgerlichen Lebens, wie z.B. der Besitz oder die Familie oder die Art und Weise der Arbeit, waren in der Form der Grundherrlichkeit, des Standes und der Korporation zu Elementen des Staatslebens erhoben. Sie bestimmten in dieser Form das Verhältnis des einzelnen Individuums zum Staatsganzen, d.h. sein politisches Verhältnis, d.h. sein Verhältnis der Trennung und Ausschließung von den andern Bestandteilen der Gesellschaft. Denn jene Organisation des Volkslebens erhob den Besitz oder die Arbeit nicht zu sozialen Elementen, sondern vollendete vielmehr ihre Trennung von dem Staatsganzen und konstituierte sie zu besondern Gesellschaften in der Gesellschaft. So waren indes immer noch die Lebensfunktionen und Lebensbedingungen der bürgerlichen Gesellschaft politisch, wenn auch politisch im Sinne der Feudalität, d.h., sie schlossen das Individuum vom Staatsganzen ab, sie verwandelten das besondere Verhältnis seiner Korporation zum Staatsganzen in sein eignes allgemeines Verhältnis zum Volksleben, wie seine bestimmte bürgerliche Tätigkeit und Situation in seine allgemeine Tätigkeit und Situation. Als Konsequenz dieser Organisation erscheint notwendig die Staatseinheit, wie das Bewußtsein, der Wille und die Tätigkeit der Staatseinheit, die allgemeine Staatsmacht, ebenfalls als besondere Angelegenheit eines von dem Volk abgeschiedenen Herrschers und seiner Diener.

Die politische Revolution, welche diese Herrschermacht stürzte und die Staatsangelegenheiten zu

Volksangelegenheiten erhob, welche den politischen Staat als allgemeine Angelegenheit, d.h. als wirklichen Staat konstituierte, zerschlug notwendig alle Stände, Korporationen, Innungen, Privilegien, die ebenso viele Ausdrücke der Trennung des Volkes von seinem Gemeinwesen waren. Die politische Revolution hob damit den politischen Charakter der bürgerlichen Gesellschaft auf. Sie zerschlug die bürgerliche Gesellschaft in ihre einfachen Bestandteile, einerseits in die Individuen, andrerseits in die materiellen und geistigen Elemente, welche den Lebensinhalt, die bürgerliche Situation dieser Individuen bilden. Sie entfesselte den politischen Geist, der gleichsam in die verschiedenen Sackgassen der feudalen Gesellschaft zerteilt, zerlegt, zerlaufen war; sie sammelte ihn aus dieser Zerstreuung, sie befreite ihn von seiner Vermischung mit dem bürgerlichen Lehen und konstituierte ihn als die Sphäre des

Gemeinwesens, der allgemeinen Volksangelegenheit in idealer Unabhängigkeit von jenen besondern Elementen des bürgerlichen Lebens. Die bestimmte Lebenstätigkeit und die bestimmte Lebenssituation sanken zu einer nur individuellen Bedeutung herab. Sie bildeten nicht mehr das allgemeine Verhältnis des Individuums zum Staatsganzen. Die öffentliche Angelegenheit als solche ward vielmehr zur allgemeinen Angelegenheit jedes Individuums und die politische Funktion zu seiner allgemeinen Funktion.

Allein die Vollendung des Idealismus des Staats war zugleich die Vollendung des Materialismus der bürgerlichen Gesellschaft. Die Abschüttlung des politischen Jochs war zugleich die Abschüttlung der Bande, welche den egoistischen Geist der bürgerlichen Gesellschaft gefesselt hielten. Die politische Emanzipation war zugleich die Emanzipation der bürgerlichen Gesellschaft von der Politik, von dem Schein selbst eines allgemeinen Inhalts.

Die feudale Gesellschaft war aufgelöst in ihren Grund, in den Menschen. Aber in den Menschen, wie er wirklich ihr Grund war, in den egoistischen Menschen.

Dieser Mensch, das Mitglied der bürgerlichen Gesellschaft, ist nun die Basis, die Voraussetzung des politischen Staats. Er ist von ihm als solche anerkannt in den Menschenrechten.

Die Freiheit des egoistischen Menschen und die Anerkennung dieser Freiheit ist aber vielmehr die Anerkennung der zügellosen Bewegung der geistigen und materiellen Elemente, welche seinen Lebensinhalt bilden.

Der Mensch wurde daher nicht von der Religion befreit, er erhielt die Religionsfreiheit. Er wurde nicht vom Eigentum befreit. Er erhielt die Freiheit des Eigentums. Er wurde nicht von dem Egoismus des Gewerbes befreit, er erhielt die Gewerbefreiheit.

Die Konstitution des politischen Staats und die Auflösung der bürgerlichen Gesellschaft in die unabhängigen Individuen - deren Verhältnis das Recht ist, wie das Verhältnis der Standes- und Innungsmenschen das Privilegium war - vollzieht sich in einem und demselben Akte. Der Mensch, wie er Mitglied der bürgerlichen Gesellschaft ist, der unpolitische Mensch, erscheint aber notwendig als der natürliche Mensch. Die droits de l'homme erscheinen als droits naturels „natürliche Rechte“, denn die selbstbewußte Tätigkeit konzentriert sich auf den politischen Akt. Der egoistische Mensch ist das passive, nur vorgefundne Resultat der aufgelösten Gesellschaft, Gegenstand der unmittelbaren Gewißheit, also natürlicher Gegenstand. Die politische Revolution löst das bürgerliche Leben in seine Bestandteile auf, ohne diese Bestandteile selbst zu revolutionieren und der Kritik zu unterwerfen. Sie verhält sich zur bürgerlichen Gesellschaft, zur Welt der Bedürfnisse, der Arbeit, der Privatinteressen, des Privatrechts, als zur Grundlage ihres Bestehns, als zu einer nicht weiter begründeten Voraussetzung, daher als zu ihrer Naturbasis. Endlich gilt der Mensch, wie er Mitglied der bürgerlichen Gesellschaft ist, für den eigentlichen Menschen, für den homme im Unterschied von dem citoyen, weil er der Mensch in seiner sinnlichen individuellen nächsten Existenz ist, während der politische Mensch nur der abstrahierte, künstliche Mensch ist, der Mensch als eine allegorische, moralische Person. Der wirkliche Mensch ist erst in der Gestalt des egoistischen Individuums, der wahre Mensch erst in der Gestalt des abstrakten citoyen anerkannt.

Die Abstraktion des politischen Menschen schildert Rousseau richtig also:

"Celui qui ose entreprendre d'instituer un peuple doit se sentir en état de changer pour ainsi dire la nature humaine, de transformer chaque individu, qui per lui-même est un tout parfait et solitaire, en partie d'un plus grand tout dont cet individu reçoive en quelque sorte sa vie et son être, de substituer une existence partielle morale à l'existence physique et indépendante. Il faut qu'il ôte à l'homme ses forces propres pour lui en donner qui lui soient étrangères et dont il ne puisse faire usage sans le secours d'autrui." ("Contrat Social", livre II, Londres 1782, p. 67.)

„Wer den Mut hat, einem Volke eine Rechtsordnung zu geben, muß sich fähig fühlen, sozusagen die menschliche Natur zu ändern, jedes Individuum, das sich selbst und für sich allein ein vollkommenes Ganzes ist, in den Teil eines größeren Ganzen umzuwandeln, von dem dieses Individuum in gewisser Weise sein Leben und Sein empfängt, an die Stelle einer physischen und unabhängigen eine moralische Teilexistenz zu setzen. Er muß dem Menschen seine eigenen Kräfte nehmen, um ihm fremde dafür zu geben, die er nur mit Hilfe anderer gebrauchen kann."("Der Gesellschaftsvertrag", Buch II, London 1782, S. 67)"

Alle Emanzipation ist Zurückführung der menschlichen Welt, der Verhältnisse, auf den Menschen selbst.

Die politische Emanzipation ist die Reduktion des Menschen, einerseits auf das Mitglied der bürgerlichen Gesellschaft, auf das egoistische unabhängige Individuum, andrerseits auf den Staatsbürger, auf die moralische Person.

Erst wenn der wirkliche individuelle Mensch den abstrakten Staatsbürger in sich zurücknimmt und als individueller Mensch in seinem empirischen Leben, in seiner individuellen Arbeit, in seinen individuellen Verhältnissen, Gattungswesen geworden ist, erst wenn der Mensch seine "forces propres" „"eigene Kräfte"„ als gesellschaftliche Kräfte erkannt und organisiert hat und daher die gesellschaftliche Kraft nicht mehr in der Gestalt der politischen Kraft von sich trennt, erst dann ist die menschliche Emanzipation vollbracht.

II. Die Fähigkeit der heutigen Juden und Christen, frei zu werden.

Von Bruno Bauer.

Unter dieser Form behandelt Bauer das Verhältnis der jüdischen und christlichen Religion, wie das Verhältnis derselben zur Kritik. Ihr Verhältnis zur Kritik ist ihr Verhältnis "zur Fähigkeit, frei zu werden".

Es ergibt sich:

"Der Christ hat nur eine Stufe, nämlich seine Religion zu übersteigen, um die Religion überhaupt aufzugeben", also frei zu werden, "der Jude dagegen hat nicht nur mit seinem jüdischen Wesen, sondern auch mit der Entwicklung der Vollendung seiner Religion zu brechen, mit einer Entwicklung, die ihm fremd geblieben ist."

Bauer verwandelt also hier die Frage von der Judenemanzipation in eine rein religiöse Frage. Der theologische Skrupel, wer eher Aussicht hat, selig zu werden, Jude oder Christ, wiederholt sich in der aufgeklärten Form, wer von beiden ist emanzipationsfähiger? Es fragt sich zwar nicht mehr: Macht Judentum oder Christentum frei? sondern vielmehr umgekehrt: Was macht freier, die Negation des Judentums oder die Negation des Christentums?

"Wenn sie frei werden wollen, so dürfen sich die Juden nicht zum Christentum bekennen, sondern zum aufgelösten Christentum, zur aufgelösten Religion überhaupt, d.h. zur Aufklärung, Kritik und ihrem Resultate. der freien Menschlichkeit."

Es handelt sich immer noch um ein Bekenntnis für den Juden, aber nicht mehr um das Bekenntnis zum Christentum, sondern zum aufgelösten Christentum. Bauer stellt an den Juden die Forderung, mit dem Wesen der christlichen Religion zu brechen, eine Forderung, welche, wie er selbst sagt, nicht aus der Entwicklung des jüdischen Wesens hervorgeht.

Nachdem Bauer am Schluß der Judenfrage das Judentum nur als die rohe religiöse Kritik des Christentums begriffen, ihm also eine "nur" religiöse Bedeutung abgewonnen hatte, war vorherzusehen, daß auch die Emanzipation der Juden in einen philosophisch-theologischen Akt sich verwandeln werde.

Bauer faßt das ideale abstrakte Wesen des Juden, seine Religion als sein ganzes Wesen. Er schließt daher mit Recht: "Der Jude gibt der Menschheit nichts, wenn er sein beschränktes Gesetz für sich mißachtet", wenn er sein ganzes Judentum aufhebt.

Das Verhältnis der Juden und Christen wird demnach folgendes: das einzige Interesse des Christen an der Emanzipation des Juden ist ein allgemein menschliches, ein theoretisches Interesse. Das Judentum ist eine beleidigende Tatsache für das religiöse Auge des Christen. Sobald sein Auge aufhört, religiös zu sein, hört diese Tatsache auf, beleidigend zu sein. Die Emanzipation des Juden ist an und für sich keine Arbeit für den Christen.

Der Jude dagegen, um sich zu befreien, hat nicht nur seine eigne Arbeit, sondern zugleich die Arbeit des Christen, die "Kritik der Synoptiker" und das "Leben Jesu" etc. durchzumachen.

"Sie mögen selber zusehen: sie werden sich selber ihr Geschick bestimmen; die Geschichte aber läßt mit sich nicht spotten."

Wir versuchen, die theologische Fassung der Frage zu brechen Die Frage nach der Emanzipationsfähigkeit des Juden verwandelt sich uns in die Frage, welches besondre gesellschaftliche Element zu überwinden sei, um das Judentum aufzuheben? Denn die Emanzipationsfähigkeit des heutigen Juden ist das Verhältnis des Judentums zur Emanzipation der heutigen Welt. Dies Verhältnis ergibt sich notwendig aus der besondern Stellung des Judentums in der heutigen geknechteten Welt.

Betrachten wir den wirklichen weltlichen Juden, nicht den Sabbatsjuden, wie Bauer es tut, sondern den Alltagsjuden.

Suchen wir das Geheimnis des Juden nicht in seiner Religion, sondern suchen wir das Geheimnis der Religion im wirklichen Juden,

Welches ist der weltliche Grund des Judentums? Das praktische Bedürfnis, der Eigennutz.

Welches ist der weltliche Kultus des Juden? Der Schacher. Welches ist sein weltlicher Gott? Das Geld.

Nun wohl! Die Emanzipation vom Schacher und vom Geld, also vom praktischen, realen Judentum wäre die Selbstemanzipation unsrer Zeit.

Eine Organisation der Gesellschaft, welche die Voraussetzungen des Schachers, also die Möglichkeit des Schachers aufhöbe, hätte den Juden unmöglich gemacht. Sein religiöses Bewußtsein wurde wie ein fader Dunst in der wirklichen Lebensluft der Gesellschaft sich auflösen. Andrerseits: wenn der Jude dies sein praktisches Wesen als nichtig erkennt und an seiner Aufhebung arbeitet, arbeitet er aus seiner bisherigen Entwicklung heraus, an der menschlichen Emanzipation schlechthin und kehrt sich gegen den höchsten praktischen Ausdruck der menschlichen Selbstentfremdung.

Wir erkennen also im Judentun ein allgemeines gegenwärtiges antisoziales Element, welches durch die geschichtliche Entwicklung, an welcher die Juden in dieser schlechten Beziehung eifrig mitgearbeitet, auf seine jetzige Höhe getrieben wurde, auf eine Höhe, auf welcher es sich notwendig auflösen muß.

Die Judenemanzipation in ihrer letzten Bedeutung ist die Emanzipation der Menschheit vom Judentum.

Der Jude hat sich bereits auf jüdische Weise emanzipiert.

"Der Jude, der in Wien z.B. nur toleriert ist, bestimmt durch seine Geldmacht das Geschick des ganzen Reichs. Der Jude, der in dem kleinsten deutschen Staat rechtlos sein kann, entscheidet über das Schicksal Europas. Während die Korporationen und Zünfte dem Juden sich verschließen oder ihm noch nicht geneigt sind, spottet die Kühnheit der Industrie des Eigensinns der mittelalterlichen Institute."

Es ist dies kein vereinzeltes Faktum. Der Jude hat sich auf jüdische Weise emanzipiert, nicht nur, indem er sich die Geldmacht angeeignet, sondern indem durch ihn und ohne ihn das Geld zur Weltmacht und der praktische Judengeist zum praktischen Geist der christlichen Völker geworden ist. Die Juden haben sich insoweit emanzipiert, als die Christen zu Juden geworden sind.

"Der fromme und politisch freie Bewohner von Neuengland", berichtet z.B. Oberst Hamilton, "ist eine Art von Laokoon, der auch nicht die geringste Anstrengung macht, um sich von den Schlangen zu befreien, die ihn zusammenschnüren. Mammon ist ihr Götze, sie beten ihn nicht nur allein mit ihren Lippen, sondern mit allen Kräften ihres Körpers und ihres Gemüts an. Die Erde ist in ihren Augen nichts andres als eine Börse, und sie sind überzeugt, daß sie hienieden keine andere Bestimmung haben, als reicher zu werden denn ihre Nachbarn. Der Schacher hat sich aller ihrer Gedanken bemächtigt, die Abwechslung in den Gegenständen bildet ihre einzige Erholung. Wenn sie reisen, tragen sie, sozusagen, ihren Kram oder ihr Kontor auf dem Rücken mit sich herum und sprechen von nichts als von Zinsen und Gewinn. Wenn sie einen Augenblick ihre Geschäfte aus den Augen verlieren, so geschieht dies bloß um jene von andern zu beschnüffeln."

Ja, die praktische Herrschaft des Judentums über die christliche Welt hat in Nordamerika den unzweideutigen, normalen Ausdruck erreicht, daß die Verkündigung des

Evangeliums selbst, daß das christliche Lehramt zu einem Handelsartikel geworden ist, und der bankerotte Kaufmann im Evangelium macht wie der reichgewordene Evangelist in Geschäftchen.

"Tel que vous le voyez à la tête d'une congrégation respectable a commencé par être marchand; son commerce étant tombé, il s'est fait ministre; cet autre a débuté par le sacerdoce, mais dès qu'il a eu quelque somme d'argent à la disposition, il a bissé 1a chaire pour le négoce. Aux yeux d'un grand nombre, le ministère religieux est une véritable carrière industrielle."(Beaumont, 1. c., p. 185, 186.)

„"Der, den ihr an der Spitze einer achtbaren Kongregation seht, hat als Kaufmann angefangen; da sein Handel gescheitert war, ist er Geistlicher geworden; ein anderer hat mit den Priesteramt begonnen, aber sobald er eine bestimmte Summe

Geldes zur Verfügung hatte, die Kanzel mit dem Schacher vertauscht. In den Augen einer großen Mehrzahl ist das, geistliche Amt tatsächlich eine gewerbliche Laufbahn." (Beaumont, ebenda, 5.185, 186.)“

Nach Bauer ist es "ein lügenhafter Zustand, wenn in der Theorie dem Juden die politischen Rechte vorenthalten werden, während er in der Praxis eine ungeheure Gewalt besitzt und seinen politischen Einfluß, wenn er ihm im détail verkürzt wird, en gros ausübt."

Der Widerspruch, in welchem die praktische politische Macht des Juden zu seinen politischen Rechten steht, ist der Widerspruch der Politik und Geldmacht überhaupt. Während die erste ideal über der zweiten steht, ist sie in der Tat zu ihrem Leibeignen geworden.

Das Judentum hat sich neben dem Christentum gehalten, nicht nur als religiöse Kritik des Christentums, nicht nur als inkorporierter Zweifel an der religiösen Abkunft des Christentums, sondern ebensosehr, weil der praktisch-jüdische Geist, weil das Judentum in der christlichen Gesellschaft selbst sich gehalten und sogar seine höchste Ausbildung erhalten hat. Der Jude, der als ein besonderes Glied in der bürgerlichen Gesellschaft steht, ist nur die besondere Erscheinung von dem Judentum der bürgerlichen Gesellschaft.

Das Judentum hat sich nicht trotz der Geschichte, sondern durch die Geschichte erhalten.

Aus ihren eignen Eingeweiden erzeugt die bürgerliche Gesellschaft fortwährend den Juden.

Welches war an und für sich die Grundlage der jüdischen Religion? Das praktische Bedürfnis, der Egoismus.

Der Monotheismus des Juden ist daher in der Wirklichkeit der Polytheismus der vielen Bedürfnisse, ein Polytheismus, der auch den Abtritt zu einem Gegenstand des göttlichen Gesetzes macht. Das praktische Bedürfnis, der Egoismus ist das Prinzip der bürgerlichen Gesellschaft und tritt rein als solches hervor, sobald die bürgerliche Gesellschaft den politischen Staat vollständig aus sich herausgeboren. Der Gott des praktischen Bedürfnisses und Eigennutzes ist das Geld.

Das Geld ist der eifrige Gott Israels, vor welchem kein andrer Gott bestehen darf. Das Geld erniedrigt alle Götter des Menschen - und verwandelt sie in eine Ware. Das Geld ist der allgemeine, für sich selbst konstituierte Wert aller Dinge. Es hat daher die ganze Weit, die Menschenwelt wie die Natur, ihres eigentümlichen Wertes beraubt. Das Geld ist das dem Menschen entfremdete Wesen seiner Arbeit und seines Daseins, und dies fremde Wesen beherrscht ihn, und er betet es an.

Der Gott der Juden hat sich verweltlicht, er ist zum Weltgott geworden. Der Wechsel ist der wirkliche Gott des Juden. Sein Gott ist nur der illusorische Wechsel.

Die Anschauung, welche unter der Herrschaft des Privateigentums und des Geldes von der Natur gewonnen wird, ist die wirkliche Verachtung, die praktische Herabwürdigung der Natur, welche in der jüdischen Religion zwar existiert, aber nur in der Einbildung existiert.

In diesem Sinn erklärt es Thomas Münzer für unerträglich,

"daß alle Kreatur zum Eigentum gemacht worden sei, die Fische im Wasser, die Vögel in der Luft, das Gewächs auf Erden - auch die Kreatur müsse frei werden".

Was in der jüdischen Religion abstrakt liegt, die Verachtung der Theorie, der Kunst, der Geschichte, des Menschen als Selbstzweck, das ist der wirkliche bewußte Standpunkt, die Tugend des Geldmenschen. Das Gattungsverhältnis selbst, das Verhältnis von Mann und Weib etc. wird zu einem Handelsgegenstand! Das Weib wird verschachert.

Die chimärische Nationalität des Juden ist die Nationalität des Kaufmanns, überhaupt des Geldmenschen.

Das grund- und bodenlose Gesetz des Juden ist nur die religiöse Karikatur der grund- und bodenlosen Moralität und des Rechts überhaupt, der nur formellen Riten, mit welchen sich die Welt des Eigennutzes umgibt.

Auch hier ist das höchste Verhältnis des Menschen das gesetzliche Verhältnis, das Verhältnis zu Gesetzen, die ihm nicht gelten, weil sie die Gesetze seines eigenen Willens und Wesens sind, sondern weil sie herrschen und weil der Abfall von ihnen gerächt wird.

Der jüdische Jesuitismus, derselbe praktische Jesuitismus, den Bauer im Talmud nachweist, ist das Verhältnis der Welt des Eigennutzes zu den sie beherrschenden Gesetzen, deren schlaue Umgehung die Hauptkunst dieser Welt bildet.

Ja, die Bewegung dieser Welt innerhalb ihrer Gesetze ist notwendig eine stete Aufhebung des Gesetzes.

Das Judentum konnte sich als Religion, es konnte sich theoretisch nicht weiter entwickeln, weil die Weltanschauung des praktischen Bedürfnisses ihrer Natur nach borniert und in wenigen Zügen erschöpft ist.

Die Religion des praktischen Bedürfnisses konnte ihrem Wesen nach die Vollendung nicht in der Theorie, sondern nur in der Praxis finden, eben weil ihre Wahrheit die Praxis ist.

Das Judentum konnte keine neue Welt schaffen; es konnte nur die neuen Weltschöpfungen und Weltverhältnisse in den Bereich seiner Betriebsamkeit ziehn, weil das praktische Bedürfnis, dessen Verstand der Eigennutz ist, sich passiv verhält und sich nicht beliebig erweitert, sondern sich erweitert findet mit der Fortentwicklung der gesellschaftlichen Zustände.

Das Judentum erreicht seinen Höhepunkt mit der Vollendung der bürgerlichen Gesellschaft; aber die bürgerliche Gesellschaft vollendet sich erst in der christlichen Welt. Nur unter der Herrschaft des Christentums, welches alle nationalen, natürlichen, sittlichen, theoretischen Verhältnisse dem Menschen äußerlich macht, konnte die bürgerliche Gesellschaft sich vollständig vom Staatsleben trennen, alle Gattungsbande des Menschen zerreißen, den Egoismus, das eigennützige Bedürfnis an die Stelle dieser Gattungsbande setzen, die Menschenwelt in eine Welt atomistischer, feindlich sich gegenüberstehender Individuen auflösen.

Das Christentum ist aus dem Judentum entsprungen. Es hat sich wieder in das Judentum aufgelöst.

Der Christ war von vornherein der theoretisierende Jude, der Jude ist daher der praktische Christ, und der praktische Christ ist wieder Jude geworden.

Das Christentum hatte das reale Judentum nur zum Schein überwunden. Es war zu vornehm, zu spiritualistisch, um die Roheit des praktischen Bedürfnisses anders als durch die Erhebung in die blaue Luft zu beseitigen.

Das Christentum ist der sublime Gedanke des Judentums, das Judentum ist die gemeine Nutzanwendung des Christentums, aber diese Nutzanwendung konnte erst zu einer allgemeinen werden, nachdem das Christentum als die fertige Religion die Selbstentfremdung des Menschen von sich und der Natur theoretisch vollendet hatte.

Nun erst konnte das Judentum zur allgemeinen Herrschaft gelangen und den entäußerten Menschen, die entäußerte Natur zu veräußerlichen, verkäuflichen, der Knechtschaft des egoistischen Bedürfnisses, dem Schacher anheimgefallenen Gegenständen machen.

Die Veräußerung ist die Praxis der Entäußerung. Wie der Mensch, solange er religiös befangen ist, sein Wesen nur zu vergegenständlichen weiß, indem er es zu einem fremden phantastischen Wesen macht, so kann er sich unter der

Herrschaft des egoistischen Bedürfnisses nur praktisch betätigen, nur praktisch Gegenstände erzeugen, indem er seine Produkte, wie seine Tätigkeit, unter die Herrschaft eines fremden Wesens stellt und ihnen die Bedeutung eines fremden Wesens - des Geldes - verleiht.

Der christliche Seligkeitsegoismus schlägt in seiner vollendeten Praxis notwendig um in den Leibesegoismus des Juden, das himmlische Bedürfnis das in irdische, der Subjektivismus in den Eigennutz. Wir erklären die Zähigkeit des Juden nicht aus seiner Religion, sondern vielmehr aus dem menschlichen Grund seiner Religion, dem praktischen Bedürfnis, dem Egoismus.

Weil das reale Wesen des Juden in der bürgerlichen Gesellschaft sich allgemein verwirklicht, verweltlicht hat, darum konnte die bürgerliche Gesellschaft den Juden nicht von der Unwirklichkeit seines religiösen Wesens, welches eben nur die ideale Anschauung des praktischen Bedürfnisses ist, überzeugen. Also nicht nur im Pentateuch oder im Talmud, in der jetzigen Gesellschaft finden wir das Wesen des heutigen Juden, nicht als ein abstraktes, sondern als ein höchst empirisches Wesen, nicht nur als Beschränktheit des Juden, sondern als die jüdische Beschränktheit der Gesellschaft.

Sobald es der Gesellschaft gelingt, das empirische Wesen des Judentums, den Schacher und seine Voraussetzungen aufzuheben, ist der Jude unmöglich geworden, weil sein Bewußtsein keinen Gegenstand mehr hat, weil die subjektive Basis des Judentums, das praktische Bedürfnis vermenschlicht, weil der Konflikt der individuell-sinnlichen Existenz mit der Gattungsexistenz des Menschen aufgehoben ist.

Die gesellschaftliche Emanzipation des Juden ist die Emanzipation der Gesellschaft vom Judentum.